国家自然科学基金条例

中国法治出版社

国家自然科学基金条例

GUOJIA ZIRAN KEXUE JIJIN TIAOLI

经销/新华书店
印刷/保定市中画美凯印刷有限公司
开本/850 毫米×1168 毫米　32 开
版次/2024 年 11 月第 1 版

印张/0.75　字数/9 千
2024 年 11 月第 1 次印刷

中国法治出版社出版
书号 ISBN 978-7-5216-4814-0

定价：5.00 元

北京市西城区西便门西里甲 16 号西便门办公区
邮政编码：100053

传真：010-63141600

网址：http://www.zgfzs.com
市场营销部电话：010-63141612

编辑部电话：**010-63141673**
印务部电话：**010-63141606**

（如有印装质量问题，请与本社印务部联系。）

2024年最新修订

国家自然科学基金条例

中国法治出版社

目　　录

中华人民共和国国务院令（第 796 号）················（1）
国家自然科学基金条例··································（2）

中华人民共和国国务院令

第 796 号

《国家自然科学基金条例》已经 2024 年 10 月 25 日国务院第 44 次常务会议修订通过，现予公布，自 2025 年 1 月 1 日起施行。

总理　李强

2024 年 11 月 8 日

国家自然科学基金条例

(2007年2月24日中华人民共和国国务院令第487号公布 2024年11月8日中华人民共和国国务院令第796号修订)

第一章 总 则

第一条 为了规范国家自然科学基金的使用与管理，提高国家自然科学基金使用效能，加强基础研究，培养科学技术人才，增强自主创新能力，实施创新驱动发展战略，推动实现高水平科技自立自强，根据《中华人民共和国科学技术进步法》，制定本条例。

第二条 国家自然科学基金工作坚持党中央集中统一领导。

国家自然科学基金工作应当面向世界科技前沿、面向经济主战场、面向国家重大需求、面向人民生命健康。

第三条 国家设立国家自然科学基金，用于资助基础研究，支持人才培养和团队建设。

国家自然科学基金资助工作实行尊重科学、发扬民主、提倡竞争、促进合作、激励创新、引领未来的方针，培育和践行社会主义核心价值观，遵循公开、公平、公正的原则。

第四条 国家自然科学基金主要来源于中央预算拨款。

国家鼓励地方人民政府、企业和其他组织投入资金开展联合资助，建立科技创新合作机制。国家鼓励社会力量向国家自然科学基金捐赠。

国家自然科学基金的资金应当全额纳入预算管理。

第五条 国家自然科学基金资助项目（以下简称基金资助项目），应当推动基础研究自由探索和目标导向有机结合，根据基金发展规划和年度基金项目指南予以确定。

确定基金资助项目应当充分发挥专家的作用，采取宏观引导、自主申请、平等竞争、同行评审、择优支持的机制。

第六条 国家自然科学基金管理机构（以下简称基金管理机构）依法管理国家自然科学基金，制定国家自然科学基金资助与管理制度，负责资助计划、项目设置，以及评审、立项、监督等组织实施工作，提升国家自然科学基金资助效能。

国务院科学技术主管部门依法对国家自然科学基金工作进行宏观管理、统筹协调和监督检查。国务院财政部门依法对国家自然科学基金的预算、财务、会计进行管理和监督，对基金的运行情况开展绩效评价，根据评价结果调整完善政策、改进管理、优化预算安排。审计机关依法对国家自然科学基金的使用与管理进行审计监督。

第七条 基金管理机构应当加强国家自然科学基金工作信息化建设，推动完善科研诚信管理信息共享、基金资助项目成果共享等机制，加强基金资助项目与其他科学技术计划项目的衔接与协调。

第二章 组织与规划

第八条 基金管理机构应当根据国民经济和社会发展规划、科学技术发展规划以及科学技术发展状况，制定基金发展规划和年度基金项目指南。基金发展规划应当明确优先发展的领域，年度基金项目指南应当规定优先支持的项目范围。

国家自然科学基金应当设立专项资金，用于培养青年科学技术人才，支持在科学技术领域取得突出成绩且具有明显创新潜力的青年人才。

基金管理机构制定基金发展规划和年度基金项目指南,应当广泛听取高等学校、科学研究机构、学术团体和有关国家机关、企业的意见,组织有关专家进行科学论证。年度基金项目指南应当在受理基金资助项目申请起始之日 30 日前公布。

第九条 基金管理机构应当确定依托单位作为基金资助项目及其资金管理的责任主体。

中华人民共和国境内具有独立法人资格、具备基础研究能力的高等学校、科学研究机构和其他公益性机构,以及其他符合国家规定的单位,可以在基金管理机构注册为依托单位。基金管理机构应当定期公布已注册的依托单位名单。

依托单位应当建立和完善基金资助项目管理、科研诚信、科技伦理管理等制度,遵守科学技术活动管理规范。

第十条 依托单位在基金资助管理工作中履行下列职责:

(一)组织申请人申请国家自然科学基金资助;

(二)审核申请人或者项目负责人所提交材料的真实性、完整性和合法性;

(三)提供基金资助项目实施的条件,保障项目负责人和参与者实施基金资助项目的时间;

（四）跟踪基金资助项目的实施，管理和监督基金资助资金的使用；

（五）配合基金管理机构、科学技术主管部门和相关行业主管部门对基金资助项目的实施和资金的使用进行监督、检查和绩效评价；

（六）加强基金资助项目研究成果的知识产权管理，支持研究成果开放获取，促进研究成果转化；

（七）对违背科研诚信和科技伦理的行为进行调查处理；

（八）完成基金管理机构委托的其他工作。

基金管理机构、科学技术主管部门和相关行业主管部门对依托单位的基金资助管理工作进行指导、监督。

第三章　申请与评审

第十一条　依托单位的科学技术人员具备下列条件的，可以申请国家自然科学基金资助：

（一）具有承担基础研究课题或者其他从事基础研究的经历；

（二）具有高级专业技术职务（职称）或者具有博士学位，或者有 2 名与其研究领域相同、具有高级专业技术职务（职称）的科学技术人员推荐。

符合条件的从事基础研究的科学技术人员无工作单位或者所在单位不是依托单位的，取得依托单位的同意，可以依照本条例规定申请国家自然科学基金资助。

申请人应当是申请基金资助项目的负责人。

第十二条 申请人申请国家自然科学基金资助，应当以年度基金项目指南为基础确定研究项目，在规定期限内通过依托单位向基金管理机构提出书面申请。

申请人申请国家自然科学基金资助，应当提交证明申请人符合本条例第十一条规定条件的材料。

申请人申请基金资助的项目研究内容已获得其他资助的，应当在申请材料中说明资助情况。申请人应当对所提交申请材料的真实性、完整性和合法性负责。

申请人、参与者及其依托单位应当遵守科研诚信和科技伦理要求，签署科研诚信和科技伦理承诺书，承诺不从事危害国家安全、损害社会公共利益、危害人体健康、违背科研诚信和科技伦理的科学技术研究开发和应用活动，没有虚构、伪造、剽窃、篡改等行为。

第十三条 基金管理机构应当自基金资助项目申请截止之日起45日内，完成对申请材料的初步审查。有下列情形之一的，不予受理，通过依托单位书面通知申请人，并说明理由：

（一）申请人不符合本条例规定条件的；

（二）申请材料不符合年度基金项目指南要求的；

（三）申请人、参与者因有违背科研诚信和科技伦理等行为被禁止承担或者参与财政性资金支持的科学技术活动的；

（四）申请人、参与者申请基金资助项目超过基金管理机构规定的数量的。

第十四条 基金管理机构应当聘请具有较高的学术水平、良好的职业道德的同行专家，对已受理的基金资助项目申请进行评审。评审专家聘请、评审活动管理和相关监督保障机制的具体办法由基金管理机构制定。

第十五条 基金管理机构对已受理的基金资助项目申请，应当先从同行专家库中随机选择3名以上专家进行通讯评审。基金管理机构应当根据通讯评审评分等情况确定进入会议评审的项目申请，组织专家进行会议评审。对因国家经济、社会发展特殊需要或者其他特殊情况临时提出的基金资助项目申请，可以只进行通讯评审或者会议评审。

评审专家对基金管理机构安排其评审的基金资助项目申请认为难以作出学术判断或者没有精力评审的，应当及时告知基金管理机构；基金管理机构应当依照本条例规定，选择其他评审专家进行评审。

第十六条 评审专家按照国家自然科学基金资助导

资助项目申请从科学价值、创新性、社会影响、研究方案的可行性等方面进行独立判断和评价，提出评审意见。

评审专家对基金资助项目申请提出评审意见，还应当考虑申请人和参与者的研究经历、基金资助资金使用计划的合理性、研究内容获得其他资助的情况、申请人实施基金资助项目的情况以及继续予以资助的必要性。

会议评审提出的评审意见应当通过投票表决。

第十七条　为了鼓励原创性基础研究工作，对重大原创性、交叉学科创新等基金资助项目，基金管理机构可以制定专门的申请与评审规定。

第十八条　基金管理机构根据本条例的规定和专家提出的评审意见，决定予以资助的研究项目。基金管理机构不得以与评审专家有不同的学术观点为由否定专家的评审意见。

基金管理机构在作出资助决定前，应当按照国家有关规定，通过科研诚信管理信息系统，及时开展严重失信行为数据比对、核查等工作。

基金管理机构决定予以资助的，应当及时书面通知申请人和依托单位；决定不予资助的，应当及时书面通知申请人和依托单位，并说明理由。

基金管理机构应当整理专家评审意见，并向申请人提供。

第十九条 申请人对基金管理机构作出的不□□或者不予资助的决定不服的，可以自收到通知之日起□日内，向基金管理机构提出书面复审请求。对评审专家的学术判断有不同意见，不得作为提出复审请求的理由。

基金管理机构对申请人提出的复审请求，应当自收到之日起60日内完成审查。基金管理机构认为原决定符合本条例规定的，予以维持，并书面通知申请人；认为原决定不符合本条例规定的，撤销原决定，重新对申请人的基金资助项目申请组织评审专家进行评审、作出决定，并书面通知申请人和依托单位。

第二十条 在基金资助项目评审工作中，基金管理机构工作人员、评审专家有下列情形之一的，应当申请回避：

（一）基金管理机构工作人员、评审专家是申请人、参与者近亲属，或者与其有其他关系可能影响公正评审的；

（二）评审专家自己申请的基金资助项目与申请人申请的基金资助项目相同或者相近的；

（三）评审专家与申请人、参与者属于同一法人单位的。

基金管理机构根据申请，经审查作出是否回避的决定。基金管理机构作出是否回避的决定，应当说明理由。

基金管理机构发现其工作人员、评审专家有本条第一款规定的需要回避情形的，可以不经申请直接作出回避决定。

基金资助项目申请人可以向基金管理机构提供3名以内不适宜评审其申请的评审专家名单，基金管理机构在选择评审专家时应当根据实际情况予以考虑。

第二十一条 基金管理机构工作人员、评审专家均应当签署科研诚信承诺书。基金管理机构工作人员不得申请或者参与申请国家自然科学基金资助，不得干预评审专家的评审工作。评审专家应当遵守科研诚信要求和评审行为规范，独立、客观、公正开展评审工作，不得由他人代为评审，不得有接受请托、说情干预等不公正评审行为，不得利用工作便利谋取不正当利益。

基金管理机构工作人员、评审专家均应当依法承担保密义务，不得以任何方式披露未公开的评审专家的基本情况、评审意见、评审结果等与评审有关的信息。

第四章　资助与实施

第二十二条 申请人收到基金管理机构的基金资助通知后，即作为基金资助项目的负责人组织开展研究工作。

依托单位和项目负责人自收到基金资助通知之日起20日内，按照评审专家的评审意见、基金管理机构确定的基金资助额度填写项目计划书，报基金管理机构核准。

依托单位和项目负责人填写项目计划书，除根据评审专家的评审意见和基金管理机构确定的基金资助额度对已提交的申请书内容进行调整外，不得对其他内容进行变更。

第二十三条　基金管理机构对本年度予以资助的研究项目，应当按照《中华人民共和国预算法》和国库集中支付制度等有关规定，办理基金资助项目拨款。

项目负责人应当依法依规使用基金资助资金，依托单位应当对项目负责人使用基金资助资金的情况进行管理和监督，在其职责范围内及时审批项目资金调整事项。项目负责人、参与者及其依托单位不得以任何方式虚报、冒领、贪污、侵占、挪用、截留基金资助资金。

基金资助资金使用与管理的具体办法由国务院财政部门会同基金管理机构制定。

第二十四条　项目负责人应当根据项目计划书组织开展研究工作，做好基金资助项目实施情况的原始记录，通过依托单位向基金管理机构提交项目年度进展报告。

依托单位应当审核项目年度进展报告，查看基金资助项目实施情况的原始记录，并向基金管理机构提交年度基金资助项目管理报告。

基金管理机构应当对项目年度进展报告和年度基金资助项目管理报告进行审查。

第二十五条 基金资助项目实施中，依托单位不得擅自变更项目负责人。

项目负责人有下列情形之一的，依托单位应当及时提出变更项目负责人或者终止基金资助项目实施的申请，报基金管理机构批准；基金管理机构也可以直接作出终止基金资助项目实施的决定：

（一）不再是依托单位科学技术人员的；

（二）不能继续开展研究工作的；

（三）其他客观原因导致项目无法继续实施的。

项目负责人调入另一依托单位工作的，经所在依托单位与原依托单位协商一致，由原依托单位提出变更依托单位的申请，报基金管理机构批准。协商不一致的，基金管理机构作出终止该项目负责人所负责的基金资助项目实施的决定。

第二十六条 基金资助项目实施中，研究内容或者研究计划需要作出重大调整的，项目负责人应当及时提出申请，经依托单位审核后报基金管理机构批准。

第二十七条 自基金资助项目资助期满之日起60日内，项目负责人应当通过依托单位向基金管理机构提交结题报告；基金资助项目取得研究成果的，应当同时提交研究成果报告。

依托单位应当对结题报告进行审核，建立基金资助项目档案。依托单位审核结题报告，应当查看基金资助项目实施情况的原始记录。

第二十八条 基金管理机构应当及时审查结题报告。对不符合结题要求的，应当提出处理意见，并书面通知依托单位和项目负责人。

基金管理机构应当按照国家科学技术报告制度的要求，将结题报告、研究成果报告和基金资助项目摘要予以公布，促进基金资助项目成果的传播与共享。

第二十九条 发表基金资助项目取得的研究成果，应当注明得到国家自然科学基金资助。

基金资助项目所形成的科学数据，应当由依托单位按照国家科学数据管理的有关规定汇交到相关科学数据中心。

第五章 监督与管理

第三十条 基金管理机构应当对基金资助项目实施

情况、依托单位履行职责情况进行以抽查为主要方式的监督检查，确保监督检查全面覆盖。抽查时应当查看基金资助项目实施情况的原始记录和资金使用与管理情况。抽查结果应当予以记录并公布。

基金管理机构应当建立项目负责人和依托单位的基金资助项目信誉档案。

第三十一条 基金管理机构应当定期对评审专家履行评审职责情况进行评估，评估时应当参考申请人的意见；根据评估结果，建立评审专家信誉档案。

第三十二条 基金管理机构应当在每个会计年度结束时，公布本年度基金资助的项目、基金资助资金的拨付情况以及对违反本条例规定行为的处罚情况等。

基金管理机构应当配合国务院财政部门和科学技术主管部门开展基金绩效评价，并应当按照全面实施预算绩效管理的要求，建立健全绩效管理制度，定期对基金使用情况开展绩效评价，强化绩效评价结果应用，加大绩效信息公开力度。

第三十三条 任何单位或者个人发现基金管理机构及其工作人员、评审专家、依托单位及其相关工作人员、申请人或者项目负责人、参与者有违反本条例规定行为的，可以检举或者控告。

基金管理机构应当公布联系电话、通讯地址和电子邮件地址。

第三十四条 基金管理机构依照本条例规定对外公开有关信息，应当遵守国家有关保密规定。

基金管理机构应当健全科技安全制度和风险防范机制，加强科学技术研究、开发与应用活动的安全管理，支持国家安全领域科技创新，增强科技创新支撑国家安全的能力和水平。

第三十五条 对违反本条例规定，有科研诚信严重失信行为的个人、组织，按照国家有关规定记入科研诚信严重失信行为数据库，实施联合惩戒。

第六章　法　律　责　任

第三十六条 申请人、参与者有下列行为之一的，由基金管理机构给予警告，正在申请基金资助的，取消其当年申请或者参与申请国家自然科学基金资助的资格；其申请项目已实施资助的，撤销原资助决定，追回已拨付的基金资助资金；情节较重的，1至3年不得申请或者参与申请国家自然科学基金资助；情节严重的，3至5年不得申请或者参与申请国家自然科学基金资助：

（一）虚构、伪造、剽窃、篡改申请材料的；

（二）以请托、贿赂等不正当方式干预评审工作的；

（三）有其他违背科研诚信和科技伦理行为的。

申请人、参与者有前款所列行为的，由依托单位按照人事管理有关规定取消其在一定期限内参加专业技术职称评审的资格。

第三十七条 项目负责人、参与者有下列行为之一的，由基金管理机构给予警告，暂缓拨付基金资助资金，并责令限期改正；逾期不改正的，撤销原资助决定，追回已拨付的基金资助资金；情节较重的，1至5年不得申请或者参与申请国家自然科学基金资助；情节严重的，5至7年不得申请或者参与申请国家自然科学基金资助：

（一）擅自变更研究方向或者降低申报指标的；

（二）不依照本条例规定提交项目年度进展报告、结题报告或者研究成果报告的；

（三）提交弄虚作假的报告、原始记录或者相关材料的；

（四）成果发表署名不实或者虚假标注资助信息的；

（五）不配合监督、检查或者绩效评价工作的；

（六）虚报、冒领、贪污、侵占、挪用、截留基金资助资金的；

（七）虚构、伪造、剽窃、篡改研究数据或者结果的；

（八）有其他违背科研诚信和科技伦理行为的。

项目负责人、参与者有前款所列行为的，由依托单位按照人事管理有关规定取消其在一定期限内参加专业技术职称评审的资格。

第三十八条 依托单位有下列情形之一的，由基金管理机构给予警告，责令限期改正；逾期不改正的，核减基金资助资金，并可以暂停拨付或者追回已拨付的基金资助资金；情节较重的，1至3年不得作为依托单位；情节严重的，向社会公布其违法行为，3至5年不得作为依托单位：

（一）不履行保障基金资助项目研究条件的职责的；

（二）不对申请人或者项目负责人提交的材料的真实性、完整性和合法性进行审核的；

（三）不依照本条例规定提交项目年度进展报告、年度基金资助项目管理报告、结题报告和研究成果报告的；

（四）组织、参与、纵容、包庇申请人或者项目负责人、参与者弄虚作假的；

（五）擅自变更项目负责人的；

（六）不配合基金管理机构监督、检查基金资助项目实施的；

（七）虚报、冒领、贪污、侵占、挪用、截留基金资助资金的；

（八）违反保密规定或者管理严重失职，造成不良影响或者损失的；

（九）以请托、贿赂等不正当方式干预评审工作的；

（十）不履行科研诚信和科技伦理相关管理职责的。

第三十九条 评审专家有下列行为之一的，由基金管理机构给予警告，责令限期改正；情节较重的，2至7年不得聘请其为评审专家；情节严重的，向社会公布其违法行为，不得再聘请其为评审专家：

（一）不履行基金管理机构规定的评审职责的；

（二）未依照本条例规定申请回避的；

（三）披露未公开的与评审有关的信息的；

（四）对基金资助项目申请有接受请托、说情干预等不公正评审行为的；

（五）利用工作便利谋取不正当利益的。

第四十条 基金管理机构工作人员有下列行为之一的，依法依规给予组织处理、处分：

（一）未依照本条例规定申请回避的；

（二）披露未公开的与评审有关的信息的；

（三）干预评审专家评审工作的；

（四）利用工作便利谋取不正当利益的；

（五）有其他滥用职权、玩忽职守、徇私舞弊行为的。

第四十一条 违反有关财政法律、行政法规规定的，依法依规予以处罚、处分。

第四十二条 申请人或者项目负责人、参与者违反本条例规定，情节特别严重的，或者从事危害国家安全、损害社会公共利益、危害人体健康、违背科研诚信和科技伦理的科学技术研究开发和应用活动的，终身不得申请或者参与申请国家自然科学基金资助。

违反本条例规定受到处理的科学技术人员，在处理期内不得聘请其为评审专家；情节特别严重的，终身不得聘请其为评审专家。

第四十三条 违反本条例规定，构成违反治安管理行为的，依法给予治安管理处罚；构成犯罪的，依法追究刑事责任。

第七章　附　　则

第四十四条 基金管理机构在基金资助工作中，涉及项目组织实施费和与基础研究有关的学术交流活动、基础研究环境建设活动的基金资助资金的使用与管理的，按照国务院财政部门的有关规定执行。

第四十五条 本条例自 2025 年 1 月 1 日起施行。

ISBN 978-7-5216-4814-0

定价：5.00元